Rainald Bierstedt

FAIR GEHT VOR! UND SPIRIT OF THE GAME
Zeige, dass du Sportsgeist hast!

Teil 3 der 5-teiligen Reihe
Beiträge zur Verbreitung der Olympischen Idee im Juniorgolfsport

Die 5-teilige Reihe im Überblick:

Teil 1:
OLYMPISCHE SPIELE UND GOLF
Schau kurz zurück, um Künftiges besser zu überblicken!

Teil 2:
OLYMPISCHE IDEE UND IDEALE IM GOLF
Grundlegende Orientierung auch für dich!

Teil 3:
FAIR GEHT VOR! UND SPIRIT OF THE GAME
Zeige, dass du Sportsgeist hast!

Teil 4:
CITIUS – ALTIUS – FORTIUS:
TRAINIEREN UND WETTKÄMPFEN IM GOLF
Gib dein Bestes, Leistung macht Spaß!

Teil 5:
GOLF-OLYMPISCHES WORKBOOK
Festige bzw. teste dein Olympisches Wissen!

Rainald Bierstedt

FAIR GEHT VOR! UND SPIRIT OF THE GAME

Zeige, dass du Sportsgeist hast!

Teil 3
der 5-teiligen Reihe
*Beiträge zur Verbreitung der Olympischen Idee
im Juniorgolfsport*

Bibliografische Information der Deutschen Nationalbibliothek:
Die Deutsche Nationalbibliothek verzeichnet diese Publikation in der Deutschen Nationalbibliografie; detaillierte bibliografische Daten sind im Internet über http://dnb.d-nb.de abrufbar.

2. Version Februar 2017

© Rainald Bierstedt 2017

Herstellung und Verlag:
BoD - Books on Demand, Norderstedt
ISBN 978-3-7431-9281-2

Die Beiträge des Autors zur Verbreitung des Olympischen Gedankens im Golfsport stützen sich im Wesentlichen auf Erfahrungen und Erkenntnisse aus seinen zurückliegenden Tätigkeiten seit 1995 als ...

- Lehrer für das Wahlpflichtfach 1 und 2 Golfsport an der Grund- und Gesamtschule Spreenhagen (bei Berlin) sowie an der 1. Oberschule Fürstenwalde (jetzt Spree-Oberschule),
- Leiter einer Schulsport-AG Golfsport im Rahmen der Jugendinitiative „Abschlag Schule" des DGV u. der VcG,
- Projektleiter des DGV-Schülerprojekts Golf-WM 2000,
- Mitorganisator bei der deutschlandweiten Einführung bzw. Etablierung von Golf in JUGEND TRAINIERT FÜR OLYMPIA,
- Beauftragter für Schulgolf des Landes Brandenburg im Auftrag des Ministeriums für Bildung, Jugend und Sport,
- Verantwortlicher für die Durchführung der Brandenburger Landesfinals Golf JUGEND TRAINIERT FÜR OLYMPIA,
- Durchführender diverser Projekte GOLF & OLYMPIA,
- Jugendwart eines Golf Clubs,
- Schulsportbeauftragter eines Golf Clubs,
- Teilnehmer an einem Trainer-C-Lehrgang Breitensport / Schulgolfsport,
- Lehrbeauftragter an der Universität Potsdam, Institut für Sportwissenschaften, für das Themenfeld „Pädagogische Aspekte des Golfsports",
- Verantwortlicher für 17 Lehrer-Fortbildungsveranstaltungen „Schulgolfsport" im Land Brandenburg,
- Gestalter und Betreuer der Info-Points „Golf & Schule" sowie „Golf–Olympia–Jugend" im Resort A-Rosa Scharmützelsee, in Kooperation mit der Deutschen Olympischen Gesellschaft,
- Referent zu Fragen des Schulgolfsports, u.a. an der Deutschen Sporthochschule Köln
  sowie
- als Autor von 25 Publikationen über Golfsport.

Mit

freundlicher Empfehlung

INHALT

Einleitung 8

I. Fair Play:
   Geistes- und Charakterhaltung 10

II. Spirit of the Game:
    Golfetikette beachten! 13

III. Fair geht vor:
     Golfregeln einhalten! 18

Anhang: Literaturhinweise 49

Einleitung

Hallo Golffreunde,

im dritten Teil dieser Reihe wollen wir uns mit Fairness im Sport beschäftigen. Ein brandaktuelles Thema.

Ihr kennt sicherlich diese Redensart: "Das ist aber nicht die feine englische Art!" Sie wurde und wird gebraucht, um darauf hinzuweisen, dass man sich schlecht benommen hat, unhöflich oder unfair war.

Dieser Satz bezieht sich auf das früher sprichwörtliche Fair Play im Bereich des englischen bzw. britischen Sports, so auch im Bereich des Golfsports.

Denn bereits 1744 haben sich die Golfer der schottischen Stadt Leith (in der Nähe von Edinburgh gelegen) ein Regelwerk auferlegt, bestehend aus 13 Regeln, auf deren Grundlage sie ein faires Miteinander pflegten. Und wer waren diese Golfer?

Sie nannten sich The *Gentlemen* Golfers of Leith. Das sagt doch schon fast alles.

Heute umreißen wir mit Spirit of the Game den Fairnessgedanken im Golfsport. Diese Golfregeln einschließlich Golfetikette sind eine solide Grundlage auch für unser Olympisches Handeln auf der Driving Range und dem Golfcourse.

Nicht immer halten wir uns an die Regeln, manchmal versuchen wir, sie ein bisschen zu umgehen. Und nicht immer denken wir an die Golfetikette. Deshalb bilden Überlegungen, Tipps und Erfahrungen im Umgang mit dem Regelwerk den Schwerpunkt in diesem Büchlein.

Das Olympische Fairplay beginnt im Kopf, daher dazu einige Gedanken vorneweg.

Auf dieser Grundlage, allzeit schönes Spiel!

Der Autor

„Jeder Mensch

muss die Möglichkeit zur Ausübung von Sport

ohne Diskriminierung jeglicher Art und

im olympischen Geist haben.

Dieses erfordert

gegenseitiges Verstehen im Geist von Freundschaft,

Solidarität und

Fairplay."

Aus der Charta des IOC
in der Fassung vom 2. August 2016

I. Fair Play: Geistes- und Charakterhaltung

Im Olympischen Sport geht es darum, sich beim Sporttreiben auf freiwilliger Basis fair zu verhalten, d.h. Regeln einzuhalten und Grundsätze zu akzeptieren. Der Fairplay-Gedanke ist in diesem Anspruch tief verwurzelt. Der Sportler geht also eine freiwillige Bindung im sportlichen Handeln ein. Somit ist Fair Play vor allem eine Geistes- und Charakterhaltung.

Das gilt selbstverständlich auch für junge Golfsportler.

Nach dem Motto „erst nachdenken, dann handeln" sollte man diese Thesen diskutieren und umsetzen:

- ❖ Fairness ist unverzichtbar im Sport, denn **ohne** Fair Play ist Sport **kein** Sport.

- ❖ Fair Play ist eine moralische Grundhaltung, die der
    * Friedfertigkeit,
    * Mitmenschlichkeit,
    * Ehrlichkeit,
    * Gerechtigkeit,
    * Toleranz,
    * Solidarität und
    * Selbstdisziplin bedarf.

- ❖ Fair Play bedeutet Verantwortung gegenüber dem Gegner als dem sportlichen Partner.

- ❖ Fair Play schließt den Respekt vor des Partners körperlicher und seelischer Unversehrtheit, vor dessen Menschenwürde ein.

- ❖ Welche Erwachsene könnten als Vorbild wirken? Denn: Das Beispiel wirkt nachhaltiger als Worte.

Klar muss sein:
Fair Play beinhaltet auch den Kampf gegen

- ❖ Doping,
- ❖ Betrug,
- ❖ Rassismus,
- ❖ Beschimpfungen sowie
- ❖ Beleidigungen.

Fair Play heißt auch: Position zu beziehen!
Die aufgeführten Verhaltensweisen sind als das zu bewerten, was sie sind:

- ❖ unfair,
- ❖ zutiefst menschenverachtend und daher
- ❖ ganz und gar nicht olympisch.

Anspruch:
Kritische und selbstkritische Auseinandersetzung mit Fair-Play-Fragen in der Golf-Trainingsgruppe konkret organisieren!

Zum Beispiel so:
- ❖ die Verhaltensweisen beim Golftraining oder Wettspiel aufzulisten, die wir als unfair einstufen würden. Darüber dann mit der Trainingsgruppe kritisch-konstruktiv diskutieren.

- ❖ Beispiele sammeln, die wir im Sinne von Fair Play und damit als beispielhaft einordnen würden. Auch darüber lohnt es sich, mit den Trainingskameraden zu reden.

Über Fairness zu reden ist zwar wichtig, doch noch wichtiger ist es, sich fair zu verhalten, getreu dem Hinweis von Erich Kästner:

"Es gibt nichts Gutes, außer man tut es."

Dabei könnten diese Anregungen von Bedeutung sein:

- ❖ Versuche dich in den anderen Mitspieler hineinzudenken und dann zu handeln, frei nach dem biblischen Merkspruch: „Was du nicht willst, dass man dir tu', das füg' auch keinem anderen zu."

- ❖ Halte der Versuchung stand, mit unlauteren Mitteln gewinnen zu wollen. Mache ehrlich dein Spiel. Wenn du fair bleibst hast du auf einer anderen Art gewonnen, hast über dich selbst gesiegt. Dieser Sieg ist viel bedeutsamer.

- ❖ Hilfreich ist das Vorbild. Suche dir sportliche Vorbilder, deren faires Verhalten du gutheißt und mache es so wie diese auch.

- ❖ Zeige, dass du mutig bist, denn zum Fair play gehört auch Mut. Dein Mut verdient Dank und Anerkennung. Zolle auch anderen Respekt, die mutig auftreten und sich wahrhaft olympisch verhalten.

In diesem Sinne führt die Deutsche Olympische Gesellschaft ihre Initiative Fair Play durch, an der sich viele Junggolfer beteiligen sollten. (Siehe www.dog-bewegt.de)

II. Spirit of the Game: Golfetikette beachten!

Die Golfetikette umfasst Richtlinien für das Verhalten, das man von einem Golfer auf dem Golfgelände erwartet: sportlich-fair, rücksichtsvoll. Olympisch betrachtet, sollte jeder Golfer diese Erwartungen **zu seinem eigenen Wollen** machen.

In den Offiziellen Golfregeln wird der

„**Spirit of the Game**" beschrieben.

Demnach besteht der „**wahre Geist des Golfspiels**"

- ❖ im ehrlichen Spiel nach geltenden Regeln,
- ❖ in der Rücksichtnahme auf andere Spieler,
- ❖ im disziplinierten Verhalten,
- ❖ im höflichen Auftreten.

Der Athlet soll also jederzeit den Sportsgeist erkennen lassen. Diese vier Verhaltensweisen kann man sich z.B. auch mit diesem Merksatz als „Eselsbrücke" einprägen:

„Ich hab' beim Golfen den DREH raus!!

DREH
1. **D = wie Disziplin!**
2. **R = wie Rücksichtnahme!**
3. **E = wie Ehrlichkeit!**
4. **H = wie Höflichkeit!**

Dies ist auch im Sinne des olympischen Sportsgeistes. Auf das Spiel bezogen bedeutet das für uns Golfer im Einzelnen:
Wir wollen auf der Range und auf dem Platz stets ...

... Sicherheit gewährleisten!

- Bevor du einen Schlag oder einen Übungsschwung machst, vergewissere dich, dass
  - du niemanden mit deinem Schläger oder
  - mit aufgewirbelten Materialien treffen könntest.

- Schlage erst, wenn die Spieler vor dir außer Reichweite sind.

- Gib acht auf Greenkeeper, die in deiner Nähe arbeiten.

- Rufe laut „Fore", wenn Gefahr durch Ballflug droht.

... Rücksicht nehmen!

- Nicht stören und niemals ablenken durch
  - laute Gespräche,
  - Bewegungen,
  - Geräusche,
  - Handyklingeln usw.

- Den Ball nicht aufteen, bevor du an der Reihe bist.

- Stehe nicht am oder hinter dem Ball eines Spielers, wenn dieser gerade schlagen möchte.

- Sei besonders vorsichtig auf dem Grün (Puttlinie, Schatten!).

- Fülle unterwegs die Scorekarte aus.

... ein zügiges Spieltempo einhalten!

- Wenn du auf der Spielbahn bist,
  - sorge für ein zügiges Spieltempo und
  - halte die von der Spielleitung aufgestellten Richtlinien/Empfehlungen zur Spielgeschwindigkeit ein.
- Haltet Anschluss an die Spielergruppe vor euch.
- Sei stets auf deinen Schlag vorbereitet, d.h. du bist jederzeit bereit, zu spielen, wenn du an der Reihe bist.
- Bevor du das Grün betrittst, stelle dein Bag in Richtung Next Tee ab.
- Verlasse schnell das Grün, sobald ihr das Loch beendet habt.
- Nicht auf dem Grün verweilen und eventuell die Anzahl der Schläge der Spielbahn nochmals nachzählen wollen.
- Glaubst du, dass dein Ball verloren oder Aus sein könnte, spiele einen provisorischen Ball, aus Zeitgründen.
- Falls du deinen oder den Ball eines Mitspielers suchst,
  - gib dem nachfolgenden Flight ein Zeichen,
  - lasse überholen und
  - spiele erst weiter, wenn dieser außer Reichweite ist.

... das Vorrecht auf dem Golfplatz beachten!

- ❖ Sofern nicht von der Spielleitung anders bestimmt, wird das Vorrecht auf dem Platz durch das Spieltempo einer Gruppe bestimmt.

- ❖ Spielt ihr eine volle 18-Lochrunde, so könnt ihr jene überholen, die eine kürzere Runde spielen.

... den Golfplatz schonen!

- ❖ Im Bunker musst du unbedingt deine Spuren sorgfältig einebnen.

- ❖ Herausgeschlagene Divots (Grasnarben) sind sofort wieder einzusetzen und festzutreten. Die Grasnarben wachsen dann wieder an.

- ❖ Einschlaglöcher des Balls auf dem Grün - egal, ob von dir verursacht oder nicht, sind mit deiner Pitchgabel zu beseitigen.

- ❖ Stelle deine Golftasche niemals auf dem Abschlag oder auf dem Grün ab.

- ❖ Vermeide bei Übungsschwüngen die Beschädigung des Platzes. Das gilt für Abschläge und für Schläge auf dem Fairway.

- ❖ Achte beim Bedienen der Flaggenstöcke darauf, dass weder das Grün noch das Loch Schaden nehmen, gehe nicht zu dicht an die Lochkante heran.

Und schließlich, auch das muss man wissen und beachten:

Das Regelwerk sieht auch Strafen für Regelverstöße vor.

Die Spielleitung kann folgende disziplinarische Strafen erteilen:

- ❖ Spielverbot auf dem Platz für eine gewisse Zeit

- ❖ Sperre für eine Anzahl von Wettspielen

- ❖ Disqualifikation

III. Fair geht vor: Golfregeln einhalten!

Grundsätzliches

In allen Sportarten, so auch im Golfsport, bedeutet olympisch zu handeln, die Regeln einzuhalten.

Die sichere Handhabung der Golfregeln trägt darüber hinaus dazu bei, den Score zu verbessern.

Gut beraten sind vor allem jüngere Golfer, wenn sie sich zum Beispiel diese **vier** Grundsätze zu Eigen machten:

> **1.**
> **Nur wer nach Regeln spielt, spielt Golf!**
>
> **2.**
> **Spiele den Ball, wie er liegt!**
>
> **3.**
> **Spiele den Platz, wie du ihn vorfindest!**
>
> **4.**
> **Ansonsten sei freundlich und fair!**

Also: Stets daran denken –
Wer nicht nach den Regeln spielt, spielt irgendein Spiel, jedoch kein Golf!

Deshalb: Immer wieder mal in das Buch „OFFIZIELLE GOLFREGELN" des DGV hineinschauen!

Kleine Regelkunde auf der Runde

Beachte: Golf spielt nur derjenige, der nach Regeln spielt! In diesem Sinne gehen wir mal wichtige Situationen durch, angefangen von der Startvorbereitung bis zum Ausfüllen der Scorekarte.

Vor dem Start

1. Schläger nachzählen!

Nur 14 Schläger mitnehmen!

2. Sicherheit beim Einspielen gewährleisten!

Zu dicht! Abstand vergrößern!

3. Achtung Rangebälle!

*Keine Rangebälle einpacken!
Sie sind Eigentum des Clubs.*

4. Bälle markieren!

Einen Marker immer dabei haben.

5. Scorekarte führen!

Stets beachten:
du bist nicht nur Spieler, sondern auch Zähler.

Aktivitäten neben dem 1. Tee:

- ❖ Zunächst die Angaben auf deiner Karte überprüfen,
- ❖ dann mit den Mitspielern tauschen,
- ❖ eventuelle Veränderungen dem Starter bekannt geben.

Mehr zur Scorekarte weiter unten.

Scorekarten tauschen

Auf bzw. am 1. Abschlag

6. Wer schlägt zuerst?

In der Golfersprache fragt man: „Wer hat die Ehre?"
Man will also wissen, wer als erster den Abschlag macht.

Nicht zanken, es gibt folgende Möglichkeiten, um das zu klären:

- ❖ Entweder die Turnierleitung legt die Reihenfolge fest oder

- ❖ ihr lost aus, wer zuerst auf dem 1. Tee an das Tee herantritt.

Ab dem 2. Abschlag hat derjenige die Ehre, der am Loch zuvor die niedrigste Schlagzahl hatte.

Danach startet der Spieler mit der zweitniedrigsten Schlagzahl usw.

Haben zwei Spieler die gleiche Anzahl, so müssen sie in gleicher Reihenfolge abschlagen wie am vorhergehenden Loch.
Alles klar?

7. Bags richtig abstellen!

Das ist natürlich falsch.

Bags und Trolleys müssen runter vom Abschlag

8. Richtig aufteen!

*Der Ball muss im Abschlagfeld sein.
Du darfst „draußen" stehen,*

9. Probeschwünge außerhalb!

*Gut so, die Schonung des Platzes ist ein
wichtiges Anliegen beim Golfen.*

10. Der Ball fiel vom Tee!

Beim Absprechen fiel er runter.
Oder doch leicht berührt?

Egal, du darfst ohne Strafschlag wieder aufteen.

11. Probeschwung oder „Luftschlag"?

*Nix iss, das war **kein** Probeschwung!*

Fair geht vor! Und du bist fair und „gestehst": Das war ein „Luftschlag".

Sobald man den Ball „angesprochen", d. h. die Standposition eingenommen und den Schläger aufgesetzt hat und jetzt in voller Absicht den Ball schlagen will, ihn aber nicht trifft, dann gilt das als Schlag. Dieser Luftschlag zählt demnach. Leider.

Das war der 1. Schlag. Der 2. folgt zugleich. Ran und diesmal treffen!

12. Schlag ins Wasser!

Schade, der Ball landete in einem Wasserhindernis.
Eine von mehreren Möglichkeiten: du schlägst erneut und bekommst einen Strafschlag.
Mehr zu Wasserhindernissen siehe weiter hinten.

13. Ball wahrscheinlich im Aus oder verloren?!

Was tun?
Richtig, man spielt einen

provisorischen Ball.

Warum?
Aus Zeitersparnis, damit du nicht zurückgehen musst, falls du den ursprünglichen Ball (den Ball, den du gerade geschlagen hast) nicht mehr findest.

Und das kommt oft vor.

Wie funktioniert das?
Ganz einfach. Nachdem alle geschlagen haben, sagst du, dass du einen provisorischen Ball spielen möchtest. Du kündigst also diesen Schlag laut an. Dann spielst du ihn, natürlich bevor alle losgehen. Diesmal machst du aber einen sicheren Schlag, um das Fairway zu treffen.

Und wie weiter?
Ihr alle eilt nun zum wahrscheinlichen „Fundort", durchkämmt den Wald und sucht die Bälle, höchstens 5 Minuten lang. Pilze lasst ihr stehen. Golfbälle, die irgendjemand vor euch in den Wald geschossen und nicht wiedergefunden hat und nun herrenlos herumliegen, steckt ohne Gebrüll und ohne Verzögerung des Spiels ein. Schließlich seid ihr nicht auf Balljagd, sondern auf der Suche nach eurem Spielball.

Was, wenn ich meinen ersten Ball gefunden habe?
Findest du deinen Ball wieder, musst du ihn spielen und den provisorischen Ball (der liegt ja jetzt auf dem Fairway) wiederaufnehmen. So als wäre nichts geschehen.

Und wenn ich ihn nicht finde?
Dann spielst du den provisorischen Ball, musst also nicht zum Abschlag zurücklaufen. Dieser Ball ist nunmehr dein Ball im Spiel. Dein Zähler muss dir dafür aber 1 Strafschlag anschreiben.

Unterwegs auf dem Fairway

14. Die Spielfolge!

Wer ist dran?

Zuerst spielt immer der, der am weitesten von der Fahne bzw. vom Loch entfernt ist. Dann der nächste usw.

15. Genau hingucken, nicht den „falschen Ball" spielen!

Spiele nur *deinen* Ball! Name und Nummer des Balles sind gut zu erkennen. Außerdem habt ihr ja eure Bälle markiert, oder? Dennoch kommt es vor, dass man einen *„falschen Ball"* spielt, nämlich den Ball eines anderen Spielers.

Was passiert dann?
Natürlich, es gibt *2 Strafschläge!*

Und wie geht´s dann weiter?

Du gehst zu deinem richtigen Ball und schlägst ihn. Der Schlag mit dem falschen Ball wird nicht gezählt, dafür muss dir der Zähler, wie gesagt, 2 Strafschläge anrechnen.

Der andere Spieler (dessen Ball du gespielt hast) hat ja nun keinen Ball mehr. Er nimmt einen neuen Ball und droppt ihn dort, wo du seinen Ball geschlagen hast. Er bekommt selbstverständlich keine Strafe. Später hebt er den falschen Ball auf.

16. Keine Belehrung, bitte!

Komisch, in der Schule werden wir ständig belehrt. Prima, dass hier Belehrungen nicht erlaubt sind. Nun ja, Belehrung laut Golfregeln ist was anderes: Ratschläge geben über Schlägerwahl, Schlagtechnik oder Schlagart. Diese Art der Belehrung ist beim Wettspiel *nicht* gestattet. Ihr dürft euch jedoch verständigen über Regeln, die Lage von Hindernissen oder die Flaggenposition.

17. Divots wieder einsetzen!

Beim Schlag fliegen häufig mal die Fetzen! Die Grasfetzen oder Grasnarben nämlich, die beim Treffen des Balls mit herausgeschlagen werden. Die Golfer nennen es *Divot*.

Beim Übungsschwung darfst du das auf keinen Fall tun! Stell dir vor, jeder Spieler würde Gras herausschlagen. Manche schwingen sich 3-5 Mal ein. Der Platz würde bald wie ein Acker aussehen. Beim richtigen Golfschlag kann das schon ´mal geschehen. Danach eilst du zu dem Divot, bringst es zurück und legst es wieder ein, trittst es etwas fest, so dass es wieder anwachsen kann.

Kurz nach dem Schlag. *Schaden behoben!*

18. Nicht bummeln, zügig spielen!

Die drei machen gerade ein kleines Schwätzchen. Golf ist Sport! Daher ist „Ein-über-den-Platz-Schleichen" nicht okay. Das steht im Gegensatz zur Etikette, die stets ein Spiel ohne Verzug fordert. Bei einem Turnier starten manchmal 100 Leute und mehr. Wenn die alle bummeln würden, müsste man nachts auch noch spielen. Aber keine Panik, ein *sportliches* Spieltempo reicht völlig aus.

19. Bälle stoßen auf dem Fairway zusammen.

Vor dem Crash.

Nach dem Crash: Weiter spielen, so wie die Bälle jetzt liegen. Das ist straflos.

20. Der Ball wird beim „Ansprechen" bewegt.

Das „Ansprechen" des Balls beginnt bereits, wenn du deinen Schläger direkt vor oder hinter deinen Ball aufsetzt.
Einen Strafschlag gibt es nur dann, wenn du verursacht hast, dass sich der Ball bewegt. Er muss zurückgelegt werden.
Wird die Bewegung des Balls jedoch nicht durch dich verursacht, sondern z.B. durch einen Windstoß, dann gibt es keinen Strafschlag für dich.

21. Was tun, wenn eine Behinderung vorliegt?

Behinderung? Ja, der Golfer spricht dann von Behinderung, wenn er bei der Ausübung seines Golfschwungs durch etwas auf dem Platz behindert wird, er also nicht ungehindert schlagen kann. Solche Behinderungen beim Golfschwung können eintreten durch:

a) ungewöhnlich beschaffenen Boden
z. B. Boden in Ausbesserung, (blau markiert) oder zeitweiliges Wasser.

b) ein unbewegliches Hemmnis
z. B. fest verankerte Bank oder ein/e künstlich angelegte/r Weg oder Straße oder eine Hütte.

c) ein „Falsches Grün"
z. B. das Grün einer anderen Spielbahn.

In diesen Fällen kannst du **„*Erleichterung in Anspruch nehmen*"**. Das ist *straflos!* Dabei muss man folgendes beachten.
Die Inanspruchnahme der Erleichterung funktioniert so:
- Stelle zuerst den „nächstgelegenen Punkt der Erleichterung" fest, indem du außerhalb dieser Fläche eine Stelle suchst, von der du ungehindert schlagen könntest. Probiere das durch Übungsschwünge mit dem Schläger aus, den du anschließend benutzen willst.
- Hast du jetzt diesen Punkt der Erleichterung festgestellt, dann stecke dort ein Tee in den Boden. Aber jetzt nicht vom Tee abschlagen wollen, denn das Tee dient hier nur als Markierung. Man könnte auch einen Handschuh oder Ähnliches zum Markieren verwenden. Nun misst du eine Schlägerlänge von diesem Tee ab, aber nicht näher zum Loch und steckst ein weiteres Tee hinein.

- Innerhalb dieser Schlägerlänge kannst du nun den Ball droppen.
- Mache jetzt deinen Schlag.

Wie schon erwähnt, alles ohne Strafschlag. Unbedingt musst du aber folgendes berücksichtigen:
- der nächstgelegene Punkt darf nicht in einem Wasserhindernis
- oder auf dem Grün sein.

22. und 23. Der Ball liegt an der Harke oder im Papierkorb

Letzteres klingt unwahrscheinlich, kommt aber gelegentlich vor.

Kommt oft vor.

Kommt selten vor.

Wieder so eine brenzlige Sache. Was tun?
Halb so schlimm. Der Reihe nach:

Diese Gegenstände zählen zu den so genannten **beweglichen Hemmnissen**, zu denen weiterhin Gerätschaften der Greenkeeper, ein Bewässerungsschlauch, eine transportable Bank usw. gehören. Man kann sie, ohne ein Kraftprotz zu sein, einfach wegräumen, fortbewegen. Lege also die Harke zur Seite. Das ist **straflos**.

Was aber, wenn der Ball wegrollt?
Kein Problem, du legst ihn einfach zurück. Auch dafür gibt es keinen Strafschlag.

Aber was ist im Falle des Papierkorbs zu tun?
Da kommt man doch mit dem Schläger gar nicht hinein?
Sollst du auch nicht.

Folgendes wäre in dieser kniffligen Situation zu tun:
- ❖ lege ein Tee zur Markierung direkt unter den Korb,
- ❖ ziehe den Korb heraus, stelle ihn weg; nimm den Ball heraus,
- ❖ droppe nahe der Markierung, aber nicht näher zum Loch,
- ❖ schlage dann den Ball und stelle den Korb zurück.

Am Waldessaum, im Wald, im Rough

24. (Durch)Winken und Suchen!
Nun ist es doch passiert: Der Ball liegt im Wald. Vorsorglich wurde aber ein *provisorischer Ball* gespielt,

dennoch muss man zunächst den ursprünglichen Ball suchen. Los geht´s. Doch zuvor gibt man dem wartenden Flight ein Wink. Nicht zum Gruß, sondern zum Überholen. Denn ihr habt jetzt 5 Minuten Zeit zum Suchen. Alle Spieler suchen mit!

Winkzeichen geben

25. Ball unter Zweigen und Ästen
„Lose hinderliche Naturstoffe" bedecken ihn. Dazu zählen z.B. Blätter, Äste, Zweige, Steine und auch Bananenschalen oder Regenwürmer, Insekten, Schmetterlinge und Ähnliches. Diese dürfen *straflos fortbewegt* werden.

Du bekommst auch *keine* Strafe, wenn dabei versehentlich der Ball bewegt wird. Dieser muss wieder zurückgelegt werden.

Da ist er ja endlich!

26. Ist das meiner?
Der Ball muss *identifiziert* werden. Mache es am besten so:

a) Sage einem anderen Spieler, dass du den Ball aufnehmen möchtest, um festzustellen ob es deiner ist.
b) Markiere die Lage des Balls, z. B. mit einem Tee.
c) Nimm den Ball auf, schaue ihn genau an. Lege ihn zurück.
d) Steck` dein Tee ein, spiele den Ball, wenn es deiner ist.

Das alles ist straflos!

27. Ball im Rough, verdammt!
Nicht fluchen!
Und auch nicht das hohe Gras platt treten.
Dafür gibt es 2 Strafschläge!
Der Ball muss gespielt werden, wie er liegt.
Angewachsenes auf dem Golfplatz darf man sich nicht zurechtbiegen.

28. Auch das noch: Ball im Gebüsch.

Den kriege ich doch nie heraus! Doch, doch, so geht´s:
Zunächst nachdenken und abwägen. Spielst du den Ball, wie er liegt, brauchst du vielleicht 3 oder 4 Schläge. Oder: du erklärst den Ball für *unspielbar*, dazu hat jeder Spieler das Recht. Man darf den Ball aufnehmen, an besserer Stelle droppen und mit 1 Strafschlag weiterspielen. Das ist besser, als wild im Gestrüpp herumzuschlagen.
Du hast zur Lösung dieses Problems *3 Möglichkeiten:*

A)
Du gehst zurück bis zum Spielort, wo du zuletzt geschlagen hast und kannst dort den Ball fallen lassen.

B)
Du darfst den Ball innerhalb von 2 Schlägerlängen droppen. Nimm dein Holz, lege es dort an, wo dein Ball liegt und miss die beiden Schlägerlängen ab. Aber nicht näher zum Loch!

C)
Du kannst den Ball aber auch in beliebiger Entfernung dahinter droppen und zwar auf der geraden Linie Droppstelle und Loch.

Wasserhindernisse

29. Ball im „gelben" Wasserhindernis

Die mit gelben Pfosten oder Linien gekennzeichneten Wasserhindernisse liegen quer zur Spielbahn, also frontal zum Spieler. Golfer nennen diese auch frontale Wasserhindernisse. Du hast wieder 3 Möglichkeiten mit diesem Problem fertig zu werden:
Merke: Drei Mal gelb!

A)
Liegt der Ball am Rande oder im flachen Wasser, so dass man ihn spielen könnte, dann tue es. Du bekommst dafür nämlich **keinen** Strafschlag. Aber aufgepasst, den Schläger nicht aufsetzen!

B)
Der Ball liegt im tiefen Wasser. Er ist verloren. Ein neuer Ball muss her. Du bringst ihn folgendermaßen ins Spiel: du gehst jetzt zurück bis zu der Stelle, wo du zuletzt gespielt hast, droppst ihn dort und spielst mit *1 Strafschlag* weiter.

C)
Du kannst auch den neuen Ball hinter dem Wasserhindernis in beliebiger Entfernung droppen, auf der verlängerten Linie: Loch – Eintrittsstelle Wasser – Droppstelle.
Auch hierfür gibt es
1 Strafschlag.

30. Ball im „roten" Wasserhindernis

Mit roten Pfosten oder Linien werden Wasserhindernisse markiert, die an der Seite der Spielbahn liegen. Man nennt sie daher auch seitliche Wasserhindernisse. Jetzt hast du gar 5 Möglichkeiten, um mit diesem Problem fertig zu werden:

Merke: Fünf Mal rot!

Keine Angst, so kompliziert ist es nicht, denn die ersten drei Verfahrensweisen sind wie beim „gelben Wasser".
Demnach: *A) – C)* wie bei gelb. Hinzu kommen:

D) Du darfst innerhalb von 2 Schlägerlängen droppen von dem Punkt aus, wo dein Ball die Grenze des seitlichen Wassers gekreuzt hat, aber nicht näher zum Loch! Mit 1 Strafschlag.

E) Innerhalb von 2 Schlägerlängen könnte man auch auf der gegenüberliegenden Seite droppen. Doch auch hier gilt: Nicht näher zum Loch. Mit 1 Strafschlag.

Sandbunker

Die wichtigsten Regel-Tipps rund um das Bunkerspiel.

31. Bag bleibt draußen!

32. Harke u. SW mitnehmen!

33. Lose hinderliche Naturstoffe ...

dürfen nicht weggeräumt werden.
Ausnahme, wenn Steine
im Bunker Gefahr
für den Spieler
bedeuten.

34. Ball für unspielbar erklären – auch im Bunker möglich

Mit 1 Strafschlag:

a) Ball aufnehmen, zurück zur letzten Schlagstelle und droppen.

b) Droppen auf der geraden Linie Balllage – Loch.

c) Droppen innerhalb von 2 Schlägerlängen.

Achtung: b) + c) muss im Bunker passieren!

35. Schläger nicht aufsetzen!

Beim Ansprechen des Balls darf der Schläger nicht aufgesetzt werden.

Nicht aufsetzen!

36. Das Bunkerfinale: Harken

Nicht zu harken ist schon eine grobe Unsportlichkeit, denke immer daran. Sollte die Harke einmal nicht im Platze liegen, dann beseitige deine Fuß- und Ballspuren mit deinem Schuh, so kann man diesen Sand auch glätten.

Nie vergessen!

Auf dem Grün

Auf dem „heiligen Rasen" gilt es, besondere Sorgfalt walten zu lassen.

Die Etikette legt die entsprechenden Verhaltenserwartungen fest.

37. Mit dem Bag nie aufs Grün!

Falsch!!!

Zurück und abstellen bei „Next Tee".

38. Einschlaglöcher beseitigen!

Pitchgabel kontra Balleinschlag.

Pitchgabel immer dabei haben!

39. Wer puttet zuerst?

Immer der, der am weitesten vom Loch entfernt ist, puttet zuerst.

40. Den anderen Ball getroffen!

2 Strafschläge für den „Schützen"! Er hätte Spieler B bitten müssen, den Ball zu markieren. A spielt seinen Ball, wie er liegt; B muss seinen Ball zurücklegen.

41. Ball markieren

Auf die Reihenfolge achten:
- ❖ markieren,
- ❖ Ball aufnehmen,
- ❖ reinigen,
- ❖ Ball zurücklegen,
- ❖ Marker entfernen,
- ❖ putten.

42. Wegräumen

Lose hinderliche Naturstoffe dürfen weggeräumt werden.

Ball bewegt?

Zurücklegen!

Ohne Strafschlag.

Wegräumen erlaubt.

43. Puttlinie: Aufpassen!

Grober Schnitzer!

Nie die Puttlinie betreten!

Verstoß gegen die Etikette.

Betreten „nicht erlaubt"!

44. Fahne bedienen

Der Ball darf den Flaggenstock und den Mitspieler ***nicht*** treffen.

Kostet 2 Strafschläge!

Vorsichtig beim Bedienen!

45. Fahne muss raus!

Denn, wer die Fahne vom Grün aus trifft, bekommt 2 Strafschläge.

Stopp, Fahne raus!

46. Fahne korrekt ablegen!

Auf keinen Fall hinschmeißen!

Wir wollen das Grün doch nicht beschädigen!

So ist es okay.

47. und 48. Zählen, schreiben und Score vergleichen

Falsch!

Nicht auf dem Grün verweilen!

Richtig.

Am nächsten Tee schreiben.

49. und 50. Regel-Tipp:

Lesen *und* Ausfüllen der Scorecard

Die Regel 6 der Offiziellen Golfregeln klärt die Verantwortlichkeit des Spielers. Dazu gehört auch das Führen der Zählkarte.

Abschließend noch einige kurze Erläuterungen zu den Angaben, die auf der Scorekarte /Scorecard enthalten sein müssen:

Spieler = Name und Vorname

Vorgabe = DGV-Stammvorgabe bzw. Clubvorgabe

Datum = Tag des Spiels

Spiel: z. B. Zählspiel nach Stableford

CR = Course-Rating-Wert der einzelnen Abschläge

Par 72 = Par des Platzes, entspricht der Parsumme aller Löcher

Slope = Slope-Wert der einzelnen Abschläge

Abschläge = Hintere, Mittlere und Vordere Abschläge

Länge der Spielbahn = Angaben in Meter

Schlagzahl = nur die Bruttoanzahl des Spielers notieren, eventuell die eigene Schlagzahl zur Kontrolle in gesonderte Spalte eintragen!

Striche = Vorgabestriche pro Loch für den Spieler

Eventuelle Korrekturen = mit Namenskürzel des Zählers versehen

Loch = Reihenfolge der Löcher/Spielbahnen

Par = Par 3 oder Par 4 oder Par 5 entsprechend der Spielbahn

Vorgabenverteilung/HCP 1-18 = bezieht sich auf die Löcher 1-18; Hcp 1 = schwerstes Loch, Hcp 18 = leichtestes Loch usw.

Unterschriften: Zähler und Spieler müssen unterschreiben, sonst kommt es zur Disqualifikation!

Anhang: Literaturhinweise
Hier die 25 Publikationen von Rainald Bierstedt auf einen Blick
(*siehe auch unter: www.schul-golf.de):*

Aktuell
1. „ABSCHLAG GOLF: JUGEND & OLYMPIA". Handbuch
2. „GOLF-OLYMPISCHES VON A BIS Z" (2. Version)
3. „SCHULSPORT GOLF". Lehrer-Handbuch (Vorank. 2017)

Junior Reihe: Beiträge zur Verbreitung der Olympischen Idee
4. „Olympische Spiele und Golf". Teil 1 (2. Version)
5. „Olympische Idee und Ideale im Golf". Teil 2 (2. Version)
6. „Fair geht vor! Und Spirit of the Game! Teil 3 (2. Version)
7. „Citius – Altius – Fortius". Teil 4 (2. Version)
8. „Golf-Olympisches Workbook". Teil 5 (2. Version)

Außerdem sind erschienen:
Zum Themenfeld GOLF & SCHULE:
9. „Schule + Golf = Schulgolf". Golf im Unterricht
10. „Das 1 x 1 des Caddying". Projekt zur Golf WM
11. „Die kleine Golfregel-Fibel". Über Etikette und Golfregeln
12. „Auf der Runde". Technik und Taktik-Tipps
13. „Grundwissen Golf". Was man über Golf wissen sollte
14. „Golfsprache Englisch". Words/Phrases/Backgrounds
15. „Golf in der Schule". Lehrer-Handreichung
16. „Golfen ist cool!". Schüler-Handbuch
17. CD-ROM: „Golf-Blätter". Über 130 Kopierseiten
18. CD-ROM: „Pädagogisches". Rahmenlehrplan Golf u.a.m.
19. CD-ROM: "Easy English". Golfsprache Englisch
20. DVD: "Caddying". Ein Lehrfilm, Schülerprojekt
21. Bildband: „20 Jahre Schulfach Golf und vieles mehr"
22. CD-ROM: „Wahlpflichtfach Golf". Impressionen

Zum Themenfeld OLYMPIA-GOLF-JUGEND
23. „Abschlag Rio: Jugend trainiert *GOLF* für Olympia"
24. „Das Arbeitsheft zum Buch ‚Abschlag Rio ...". Format A 4
25. CD-ROM: „Arbeits- und Kopiermaterialien JFTO"

Außerdem:

Die komplette Literaturliste

und Bildnachweis

für die gesamte Reihe,

siehe Teil 5.

Golf in der Schule?

Am besten mit

„Abschlag Schule",

**der Initiative des
Deutschen Golf Verbandes,
finanziert durch die
Vereinigung clubfreier Golfspieler.**

Mehr dazu: www.golf.de/dgv/schulgolf